Pe. ISAC LORENA, C.Ss.R.

Novena ao Sagrado Coração de Jesus

Reflexões sobre o Apostolado

SANTUÁRIO

Direção editorial:	Pe. Fábio Evaristo R. Silva, C.Ss.R.
Coordenação editorial:	Ana Lúcia de Castro Leite
Revisão:	Luana Galvão
Capa e Diagramação:	Mauricio Pereira

Textos bíblicos extraídos da *Bíblia de Aparecida*, Editora Santuário, 2006.

ISBN 85-7200-714-8

Com aprovação eclesiástica

1ª impressão: 1980
43ª impressão

Todos os direitos reservados à EDITORA SANTUÁRIO – 2024

Rua Pe. Claro Monteiro, 342 – 12570-045 – Aparecida-SP
Tel: 12 3104-2000 – Televendas: 0800 - 0 16 00 04
www.editorasantuario.com.br
vendas@editorasantuario.com.br

Apresentação

Esta a Novena ao Sagrado Coração de Jesus traz reflexões e meditações sobre a oração. Hoje, talvez para muitos, a vida de oração poderá parecer de pouca importância, além de pouco atraente. A preferência é para uma vida aparentemente mais ativa, em contínuas realizações no campo da caridade. Sim, a oração não é a única forma de apostolado; entre todas, porém, é a mais importante, pois, se ela faltar, não haverá verdadeiro zelo, nem verdadeira caridade.

Sem oração, nossa alma permanece vazia e nossas ações não serão mais que vaidade, alarde ou coisa semelhante. Nosso amor a Deus não vive nem se desenvolve a não ser mediante a oração. Somente esse espírito de oração, unindo-nos sempre mais a Deus, poderá fazer-nos mais preocupados com a glória do Pai e com a salvação de nossos irmãos. Que estas reflexões nos levem à união e à vida com Deus.

Oração inicial

Em nome do Pai † do Filho e Espírito Santo. Amém. Senhor, aqui estou em tua companhia,/ para um encontro mais tranquilo/ e recolhido contigo;/ justamente o que, muitas vezes,/ fizeste com teus apóstolos./ Conto, por isso, com a tua presença,/ para que o Espírito me ilumine/ e fale neste momento./ Por ti fui chamado a trabalhar na tua vinha,/ e quero corresponder a essa confiança/ que o teu amor depositou em mim./ Por isso agora te peço, Senhor,/ aquele zelo que te levou a dar a vida/ para a salvação do mundo./ Que eu saiba santificar a minha vida a cada dia/ servindo a ti e a meus irmãos./ Vivendo esse amor,/ espero ser sinal de tua luz/ por meio de minha oração contínua.

Oração final

Senhor, ao teu coração misericordioso/ quero agradecer agora,/ porque me fizeste membro de tua Igreja,/ com a missão de dilatar o teu reino neste mundo./ Essa Igreja, bem o sei,/ foi banhada com o teu sangue/ e nasceu do amor que tiveste pela glória do Pai./ Que eu saiba amar também,/ com zelo e dedicação,/ é o que hoje te peço./ Quantas almas à espera de minhas orações e meus sacrifícios,/ para chegarem ao conhecimento da Verdade e do Amor!/ Para a salvação dessas almas/ e para a conversão de todo o mundo,/ quero oferecer minhas orações e meus sacrifícios./ Sei que a messe é grande/ e poucos são os trabalhadores./ Apoiado na tua graça,/ quero santificar-me/ e cooperar com a tua Igreja/ na santificação do mundo.

— Sagrado Coração de Jesus, eu confio em vós!

— *Pai nosso, que estais no céu...*

— *Ave, Maria, cheia de graça...*

— Venham sobre mim e toda a humanidade a paz e a bênção de Deus: Pai † Filho e Espírito Santo. Amém.

1º Dia

Missionários de Deus

Oração inicial *(p. 5)*

Palavra de Deus *(Mt 28,18-20)*

Jesus aproximou-se deles e disse: "De Deus recebi todo o poder no céu e na terra. Portanto, ide e ensinai a todas as nações, batizando-as em nome do Pai, e do Filho e do Espírito Santo e ensinando-as a observar tudo o que vos ordenei. E eu estou convosco todos os dias, até o fim do mundo!"

Reflexão

"Ai de mim, se eu não evangelizar!" (1Cor 9,16) – É com essas palavras que a Igreja nos lembra da sua índole missionária (*Lumen gentium* 17). Com isso ela nos diz que Cristo não estabeleceu sua Igreja neste mundo apenas como uma associação destinada a proteger a paz e tranquilidade de seus seguidores. Ela não é, nem pode ser, uma

Igreja de inativos, estacionados em algumas verdades e práticas religiosas. Assim como Cristo viveu trabalhando e sofrendo para a glória do Pai e salvação do mundo, assim também a Igreja continua neste mundo, para realizar o mesmo, evangelizando sempre, apesar de todas as lutas e perseguições que deve enfrentar. E essa Igreja de Cristo não são apenas alguns; somos todos nós.

Deus não nos quer trabalhando somente em nossa santificação; Ele nos quer ver também preocupados com sua Igreja e interessados na salvação de nossos irmãos. Assim o exige o amor que devemos ter à glória do Pai, pois como pensar que amamos a Deus, se não procuramos que outros também o conheçam e amem?

Todo leigo deve ser, perante o mundo, uma testemunha da vida e ressurreição do Senhor e sinal do Deus vivo. Todos e cada um, na medida de suas possibilidades, devem alimentar espiritualmente o mundo. Que saibam difundir pelo mundo aquele espírito pelo qual são animados os pobres, os pacíficos, os mansos que o Senhor proclamou bem-aventurados (cf. Mt 5,3-9).

Se a Igreja assim nos falou, foi porque, um dia, o Mestre já nos disse que o nosso papel no mundo é o de uma colher cheia de fermento, o qual, lançado à massa, acaba por transformá-la. Sim, não somos membros de uma Igreja morta, mas de uma Igreja em contínua atividade, porque tem uma missão a cumprir: dar ao mundo a vida de Deus. E esse é o conhecimento do Pai, bem como do Salvador que Ele nos enviou, o Cristo Jesus.

Oração

Compreendendo, Senhor, a grandeza e sublimidade de minha vocação para o amor, hoje te agradeço, porque me quiseste como cooperador na tua obra de redenção do mundo. Que eu saiba amar sempre mais essa vocação, correspondendo, com todo o meu esforço, à missão que devo realizar na tua Igreja. E que a tua graça me acompanhe sempre, pois sei que, sem ti, nada posso fazer.

Oração final *(p. 6)*

2º Dia

Luz do mundo

Oração inicial *(p. 5)*

Palavra de Deus *(Mt 5,13)*

Vós sois o sal da terra. Mas se o sal perder o sabor, com que se salgará? Não serve mais para nada, senão para ser jogado fora e ser pisado pelas pessoas.

Reflexão

Cristo afirma, e, afirmando, Ele nos dá uma ordem: "Sois a luz do mundo" – isto é: Deveis ser a luz para o mundo. E não há, nem pode haver desculpa que nos dispense dessa obrigação, pois ela nos veio com o Batismo que recebemos.

Por vocação o cristão deve ser um outro Cristo; e foi Ele quem nos disse: "Eu sou a luz do mundo". Portanto, estaremos participando de sua dignidade na medida em que soubermos ser outros Cristos, sendo, aos olhos de todos, aquela luz do mundo, acesa em nós por Deus, não para ficar oculta ou apagada pelo comodismo. Deus nos quer iluminando a todos, principalmente àqueles que não conhecem nem vivem a luz eterna da Verdade, que é Cristo, o Salvador.

Se todos somos membros da Igreja, não nos basta certamente ficar rezando: "Venha a nós o vosso reino!" Temos de nos empenhar pela oração e pelo trabalho, para que esse reino de Deus no mundo venha a ser realidade.

Temos de ser, na Igreja, uma luz, brilhando aos olhos de todos com o exemplo de nossa vida cristã, isto é, vivida de acordo com o espírito de Cristo. Seremos então, diante do mundo, um espetáculo de fé, desprendimento, zelo e caridade, conforme o exemplo que Cristo nos deixou, para que todos possam conhecer e amar ao Pai, que está nos céus.

Oração

Hoje aqui estou, Senhor, agradecendo a distinção que o teu amor me fez. Escolhido para ser luz, tu me quiseste realizando com a Igreja a salvação do mundo. Que a tua misericórdia me perdoe, porque até hoje não meditei bastante a dignidade a que fui chamado. Que a compreenda, Senhor, para que me dedique sempre mais à missão que teu amor me confiou.

Oração final *(p. 6)*

3º Dia

Coração misericordioso

Oração inicial *(p. 5)*

Palavra de Deus *(Jo 19,33-34)*

Vendo que Jesus já estava morto, não lhe quebraram as pernas, mas um dos soldados abriu-lhe o peito com uma lança, e imediatamente saiu sangue e água.

Reflexão

Nascendo neste mundo, Cristo foi para nós a expressão do amor e da misericórdia do Pai. Sua vida e sua morte foram o gesto daquele Amor infinito, que nos veio perdoar, dando-nos novamente a sua amizade. Cristo foi, assim, o Enviado do Pai, com a missão exclusiva de salvar o mundo; e dessa missão todos agora participamos, pois Ele quis também o nosso esforço e dedicação na sua obra redentora.

No Cenáculo, despedindo-se de seus Apóstolos, o Mestre quis lembrar a todos a fonte, na qual deveriam buscar forças: "Eu sou a videira e vós os ramos. Quem permanece e eu nele, esse dá muitos frutos, porque sem mim nada podeis fazer" (Jo 15,5).

Essa verdade a Igreja no-la repete diariamente, durante a santa Missa, dizendo que por Cristo, com Cristo e em Cristo nós poderemos dar ao Pai toda honra e toda glória, com nossa vida, com nossos trabalhos e sacrifícios. Unidos, portanto, ao Salvador e apoiados em sua força, iremos produzir muito para glória de Deus; caso contrário, nada poderemos realizar, pois, quando separado da videira, o ramo acaba morrendo.

A obra da salvação do mundo foi, da parte de Deus, um gesto de infinita misericórdia para conosco; seu amor não nos quis abandonar. E esse amor aparece com perfeição nas palavras do Mestre, em seus milagres, e principalmente em sua morte. Toda a vida de Cristo foi assim um mistério de amor, que Ele encerrou com provas de uma bondade infinita, perdoando seus inimigos, garantindo o paraíso ao bom ladrão e confiando-nos à amorosa solicitude de sua Mãe. E foi, como lembrança desse amor, que Ele nos deixou a figura de seu coração ferido pela lança, fonte de seu amor às almas.

Alimentando nosso amor no Coração amantíssimo do Salvador, nosso zelo e nossa caridade poderão chegar até mesmo àqueles que estão mais afastados da Verdade, para trazê-los ao conhecimento de Deus e ao amor a todos os irmãos. Assim estaremos colaborando com o Salvador em sua missão de acender nas almas aquele fogo que Ele veio trazer ao mundo.

Compreendemos, portanto, que nossa devoção ao Sagrado Coração de Jesus não poderá reduzir-se a umas tantas práticas de piedade, apenas ditadas mais pela conveniência do que pelo amor, ou a um mero sentimentalismo vazio e egoísta. Essa devoção ao amor infinito, que o Salvador nos lembra, deverá levar-nos à caridade para com nossos irmãos e ao zelo por eles, a uma devoção cheia de vida e atividade, que se abra, à procura das almas, dilatando aquele reino de amor e paz que o Coração do Mestre nos desejou.

Oração

Compreendendo, Senhor, que devo continuar neste mundo a tua missão de zelo e de amor às almas, hoje te peço: que eu saiba amar sempre mais aqueles que ainda não conhecem nem amam o teu amor infinito.

Oração final *(p. 6)*

4º Dia

Vida de oração

Oração inicial (p. 5)

Palavra de Deus (1 Cor 16,13-14)

Sede vigilantes, ficai firmes na fé, comportai-vos como homens, sede fortes. Que tudo entre vós se faça no amor.

Reflexão

"Porque desci do céu não para fazer minha vontade, mas a vontade daquele que me enviou" (Jo 6,38). Assim disse o Mestre um dia, resumindo nessas palavras toda a sua vida neste mundo. E uma leitura atenta do Evangelho poderá nos mostrar que, fazer a vontade do Pai, foi sempre a única preocupação do Mestre durante os anos que aqui viveu. E, notemos bem, sua obediência foi sempre filial e amorosa, pois pelo amor Ele viveu numa íntima e perfeita união com o Pai. Daí podermos dizer que a vida de Cristo neste mundo foi uma contínua e perfeita oração.

Compreendemos muito bem que rezar não é apenas juntar as mãos, ou pronunciar algumas palavras; não é somente pedir, nem somente agradecer. Orar é alguém com Deus, numa convivência feita de louvor, de petição, de agradecimento, alimentada continuamente pelo amor.

Ora, essa convivência (o termo já o está dizendo) é a nossa vida de todos os dias. Dizemos que essa vida é feita de trabalhos, lutas e sacrifícios. Apenas isso? Não. O amor deverá transformar tudo, trabalhos, alegrias e sofrimentos, em louvor ao Pai, em união com aquele louvor perfeitíssimo que foi a vida do Redentor. Vivida assim para Deus, a nossa vida, por mais simples que seja, torna-se uma permanente oração, voltada para a glória do Pai e salvação do mundo.

Como Cristo viveu, assim nós também temos de viver: em permanente união com Deus, pelo amor que lhe temos. Assim iremos viver, rezando; ou melhor, iremos rezar, simplesmente vivendo a nossa vida de cada dia, por mais penosa e difícil que seja. Cristo não viveu uma vida tão humana como a nossa? As dificuldades, as privações e os sofrimentos também estiveram em sua vida de cada dia.

Mas em tudo, e com tudo o que compunha sua vida, Ele soube amar a vontade do Pai e tudo aceitou, com perfeita submissão, para a salvação do mundo. Aí está o nosso modelo, mostrando-nos como devemos trabalhar para a glória do Pai e santificação das almas: simplesmente rezando a nossa vida, com humildade, confiança, e amor ao Pai.

Quando nada mais pudermos fazer, sempre poderemos rezar, oferecendo ao Pai o pouco ou nada que está nesta nossa vida de cada dia. Foi rezando a sua vida que Cristo realizou sua missão redentora. Rezando a nossa vida de cada dia para a glória do Pai, nós também iremos participar assim da missão do Redentor.

Oração

Em união com o Sagrado Coração de teu Filho, hoje, Senhor, eu te ofereço os trabalhos, sofrimentos e alegrias que a minha vida me apresentar. Desde já, tudo quero aceitar pela reparação de minhas culpas e santificação do mundo.

Oração final *(p. 6)*

5º Dia

Amor que tudo suporta

Oração inicial *(p. 5)*

Palavra de Deus *(2Tm 2,10)*

Por isso, eu tudo suporto pelos escolhidos, para que eles também consigam a salvação que está em Cristo Jesus e a glória eterna.

Reflexão

Meditando a vida do Salvador neste mundo, nós a vemos como um sacrifício de trinta e três anos, vivido para a glória de Deus e salvação das almas. Esse sacrifício começou na pobreza e abandono de Belém, assim continuando até o seu final, na humilhação do Calvário. E foi esse sacrifício que nos remiu, foi por ele que nós pudemos voltar à amizade do Pai. Vivendo assim, numa contínua oferta de si mesmo a Deus, o Mestre disse um dia a seus discípulos: "Aquele que quiser seguir-me renuncie a si mesmo, carregue sua cruz e me siga" (Mt 16,24).

Assim falando, Ele não foi duro nem cruel; quis apenas ser sincero, não nos enganando com a promessa de um paraíso antecipado aqui na terra. Se sua vida foi, toda ela, marcada com o sacrifício, seus discípulos não teriam outro caminho a seguir senão essa vereda estreita e penosa que Ele, o Mestre, já percorrera. O caminho da perdição é largo e fácil; mas o caminho que nos salva será sempre duro e difícil. Não foi isso o que Ele nos ensinou? (cf. Mt 7,13).

Nossa oração somente será fecunda e aceita por Deus, se estiver apoiada no esforço. Nossas qualidades, nossos recursos financeiros e outros meios humanos poderão, sim, ajudar o nosso trabalho, mas nunca irão alimentar o verdadeiro zelo, a verdadeira caridade. Olhemos para a vida dos Santos. Não foram eles as almas que mais realizaram para a glória de Deus e santificação do mundo? Sem dúvida. Mas eles não viveram uma vida fácil, nas regalias do conforto e do comodismo. Nem tiveram os meios e recursos de que hoje nós dispomos. Se eles muito realizaram, foi porque amaram muito e, nesse amor, encontraram forças para sofrer, aceitando todos os sacrifícios que lhes impôs a prática do zelo e da caridade.

Sofrer... é o que geralmente ninguém quer. E quem não sofre neste mundo? De uma forma ou de outra, todos temos de pagar esse tributo à vida. Mas, se todos soubéssemos sofrer! Quantas preocupações e contrariedades, quanto trabalho e sacrifício em nossa vida de cada dia! Soubéssemos aceitar tudo com paciência, com amor ao Pai, oferecendo tudo pelos agonizantes de cada dia, pelos pecadores, pelos que estão sofrendo mais do que nós, quanto bem, quanta caridade não estaríamos fazendo! Ninguém sabe o bem que faz, quando faz o bem; e ninguém sabe o mal que faz, quando deixa de fazer o bem. Um dia, na eternidade, iremos saber o quanto fizemos com nossos sacrifícios de cada dia para a glória de Deus e salvação do mundo.

Oração

"Ensina-nos a rezar!" Senhor, foi isso o que um dia te pediram teus discípulos. Sim, que eu saiba rezar com meus trabalhos, sacrifícios e minhas lutas, de cada dia, usando de tudo para a glória de teu nome e salvação de todos. É isso o que hoje te peço.

Oração final *(p. 6)*

6º Dia

Testemunhar a fé

Oração inicial *(p. 5)*

Palavra de Deus *(1Tm 4,12)*

Que ninguém te despreze por seres jovem. Ao contrário, mostra-te um modelo para os fiéis pela palavra, pela conduta, pelo amor, pela fé, pela pureza.

Reflexão

Trinta e três anos viveu o Salvador neste mundo. E, quando todos aguardavam um Messias realizando prodígios e fundando seu reino em meio ao esplendor de sua glória, o Salvador contrariou todos os planos e cálculos humanos, nascendo como uma simples criancinha, para viver, depois, em meio à pobreza e a humilhações. Três anos apenas Ele dedicou à sua vida pública, para anunciar ao mundo a Boa-Nova do reino de Deus. E, durante trinta anos, Ele quis viver anônimo e desconhecido, trabalhando numa oficina de carpinteiro, em Nazaré.

Tudo o que o Evangelho nos diz a respeito de sua vida oculta, resume-se numa única palavra: "Desceu com eles e foi para Nazaré, e lhes era submisso" (Lc 2,51), ou seja, Jesus vivia obedecendo. Isso é tudo o que sabemos daqueles trinta anos de sua vida terrena. Por que esses anos todos tão apagados e sem qualquer projeção? Por que tanta pobreza, tantos sofrimentos e tantas humilhações? É o que perguntamos. Era essa a vontade do Pai. Por sua obediência, Cristo devia salvar o mundo, afastado de Deus pelo orgulho da desobediência. Obedecendo, o Salvador nos pregou, durante trinta anos, essa virtude de nossa submissão à vontade de Deus. Uma pregação feita apenas com seu exemplo, para nos lembrar de tudo o que temos a fazer neste mundo, isto é, aceitar a vontade do Pai e obedecer a ela.

Quanto não poderíamos também ensinar apenas com o exemplo de nossa vida! Foi a essa missão que o Mestre se referiu, quando afirmou que devemos ser a luz para o mundo em que vivemos. Hoje, todos clamam por independência e liberdade. Mas, como será livre o homem que, não querendo obedecer a Deus, acaba escravizando a si mesmo? Será liberdade esse domínio que hoje pesa sobre o mundo, por meio do orgulho, da ambição, do comodismo? A verdadeira liberdade, a única liberdade possível, está na obediência do homem à vontade do seu Criador; e é por isso que devemos colocar diante do mundo o exemplo de nossa submissão à vontade do Pai. Se nossa vida for sempre orientada e dirigida por Deus, por mais simples e humilde que seja, será sempre um verdadeiro espetáculo de liberdade aos olhos de todos. Será essa uma vida realmente livre, pois não irá conhecer a escravidão das fraquezas e dos erros aos quais estaria sujeita a nossa vontade. Uma pregação viva e penetrante – essa pregação do exemplo que fala e se impõe, sem precisar de palavras.

Oração

Quero me santificar, Senhor, para poder trabalhar pela santificação de meus semelhantes. Que eu não descuide dessa missão de testemunhar teu amor, pois, somente vivendo a tua vontade, levarei meus irmãos a viverem a verdade de teu amor.

Oração final *(p. 6)*

7º Dia

Proclamar o Evangelho

Oração inicial *(p. 5)*

Palavra de Deus *(2Tm 4,2)*

Anuncia a Palavra, insiste a tempo e fora de tempo, combate o erro, repreende, exorta com paciência incansável e com preocupação de instruir.

Reflexão

"Portanto, ide e fazei discípulos todos os povos, batizando-os em nome do Pai, e do Filho e do Espírito Santo e ensinando-os a observar tudo o que eu vos ordenei" (Mt 28,19-20). Foi essa a ordem deixada pelo Mestre a seus discípulos, no dia em que voltou para a eternidade. Durante três anos, Ele havia percorrido cidades e aldeias, não só fazendo milagres, mas, principalmente, dando ao povo a sua palavra de vida eterna. Mestres não faltavam naquele tempo. Mas o povo logo notou que o Profeta de Nazaré era um mestre diferente, já pelos milagres que realizava, pela doutrina que transmitia. Sua palavra tinha uma força misteriosa que penetrava o coração dos ouvintes, convencendo a todos. Era realmente a palavra de Deus.

Para anunciar o Evangelho, Ele quis usar da nossa palavra, simples, clara e sem adornos. Falou nas cidades, ao longo dos caminhos ou pelos campos, não querendo ser orador porque Ele era simplesmente a Verdade. Ensinando sempre, viveu rodeado de ouvintes, expondo sua doutrina com palavras, figuras e comparações que o povo compreendia facilmente.

Os campos e as plantações, os pássaros e as flores, a rede de pescar, a colher de fermento, tudo servia às suas pregações, para que a verdade chegasse ao coração de seus ouvintes. Após três anos dedicados a esse apostolado da palavra, o Salvador encerrou sua missão neste mundo, aceitando a morte e voltando para junto do Pai. Mas, antes de nos deixar, quis fundar sua Igreja, para que ela continuasse a pregar sua palavra aos homens de todos os tempos. E essa Igreja somos nós.

Como o Cristo ensinou ao mundo com seu exemplo e com sua palavra, assim também nós, membros que somos de sua Igreja, temos de ensinar sempre, usando dos meios que estiverem ao nosso alcance. O melhor meio de alguém ensinar a Verdade é viver essa Verdade; estará ensinando com o exemplo da própria vida. Mas o Mestre não ensinou somente com seu exemplo; quis usar também da palavra e, nesse sentido, deixou-nos uma ordem: Ide e ensinai a todos!

Essa maneira de ensinar a Verdade não estará também a nosso alcance? Sem dúvida. Haverá, sim, aqueles que não têm qualidades, achando que tal missão exige estudo e preparação adequada. Haverá também aqueles que vivem ou trabalham num ambiente pouco ou nada favorável. É certo que qualquer forma de anunciar a Palavra tem suas dificuldades. Mas, para alguém dizer uma palavrinha de atenção e caridade, serão necessários estudos especiais? E um ambiente desfavorável não poderá ser conquistado por meio da amizade com um ou outro elemento, apenas? Que haja zelo e boa vontade de nossa parte; a graça fará o que não pudermos fazer.

Oração

Vivendo neste mundo, Senhor, tua sabedoria falou a todos indistintamente, mas, de modo especial, aos mais pobres e mais humildes. Que eu saiba usar de teu zelo e de tua caridade, para falar a todos, principalmente aos mais necessitados.

Oração final (p. 6)

8º Dia

A conversão dos pecadores

Oração inicial *(p. 5)*

Palavra de Deus *(1Tm 1,15)*

Cristo Jesus veio ao mundo para salvar os pecadores, dos quais eu sou o primeiro.

Reflexão

Encarnando-se neste mundo, o Filho de Deus foi, com sua vida e com sua morte, a reparação de todas as nossas culpas diante da Justiça Divina. Se nos parecem um absurdo o nascimento de Cristo na pobreza de um estábulo, sua vida em meio às perseguições e calúnias, sua morte marcada pela maldição da cruz, tudo se esclarece e tudo se explica quando nos lembramos do significado da vida e da morte do Salvador. Ele era o Reparador, era a reparação de uma culpa original, que atraiu sobre o homem os rigores da justiça de Deus.

Mas aquele que é o amor infinito não quis que essa situação se perpetuasse indefinidamente, nem pôde aceitar como seu inimigo o homem que Ele mesmo criara à sua imagem e semelhança. E, em sua infinita misericórdia, acabou recebendo o homem como seu filho. Mas a culpa existia, exigindo uma reparação; e quem a iria oferecer com méritos suficientes? Foi quando Deus se fez homem – a esse ponto chegou seu amor – e o homem Deus, Cristo Jesus, apagou a culpa do mundo com o mérito infinito de sua vida e de sua morte.

Para que pudéssemos ser aceitos pelo Pai como seus filhos, para que nos fosse possível alcançar o perdão de nossas culpas, Cristo viveu e morreu por nós, isto é, em nosso lugar. Dessa forma, seus méritos passaram a ser nossos, e, revestidos desses méritos, podemos agora nos apresentar diante do Pai. Ora, esses méritos infinitos não foram dados somente às almas santas, mas passaram a ser de todos nós, justos ou pecadores, para que, sem exceção, todos pudéssemos viver, diante do Pai, a nossa vida de cada dia.

Sabemos, no entanto, que, por viverem afastados de Deus, e não aproveitando os méritos de Cristo, muitos acabam vivendo uma vida vazia, isto é, sem qualquer valor diante de Deus. Poderá ser uma vida cheia de trabalhos, lutas e sacrifícios; mas, sem o amor ao Pai e aos irmãos, essa vida não tem os méritos daquele que viveu, trabalhou e morreu por nós. Perguntamos então: Quem irá encher essas vidas vazias diante de Deus? Quem irá suprir o mérito dessas vidas que devem glorificar o Pai e servir à vida dos irmãos? Daí a necessidade da reparação. Assim como Cristo deu ao Pai a glória que a culpa do mundo lhe negou, assim também nós temos de suprir o que falta, diante de Deus, da parte daqueles que o esqueceram e o abandonaram, rezando também pela conversão deles.

Oração

Desde já, Senhor, quero aceitar todos os sofrimentos e sacrifícios que me esperam, como uma reparação dos pecados que pesam sobre mim e meus irmãos. Pelos pecadores, pelos agonizantes, pelos que sofrem, ofereço-te toda a minha vida e a minha morte também.

Oração final *(p. 6)*

9º Dia

Humildade e perseverança

Oração inicial *(p. 5)*

Palavra de Deus *(2Cor 12,15)*
Quanto a mim, com toda a boa vontade, farei gastos e me gastarei todo inteiro por vossas almas.

Reflexão
Cristo já nos lembrou: "Não fostes vós que me escolhestes, mas fui eu que vos escolhi" (Jo 15,16). Essa é uma verdade que não podemos esquecer: se hoje podemos participar da missão de Cristo no mundo, foi porque, desde toda a eternidade, Deus, por um ato de sua infinita misericórdia, escolheu-nos para o Batismo. Com isso, Ele nos fez membros de sua Igreja. Nenhum mérito, portanto, de nossa parte, nem dotes, nem qualidades que nos recomendassem. Deus nos escolheu porque assim Ele o quis em seu amor. E, ao nos mandar trabalhar em sua

vinha, Ele não nos pediu um favor, mas nos impôs uma obrigação.

Escolhendo-nos, Deus sabe que o resultado não irá depender apenas de nós, pois o trabalho não será propriamente nosso; a graça divina é que irá fecundar o nosso esforço e dedicação, para que apresentem os frutos que Deus está esperando. Tudo depende de Deus. Por isso temos de trabalhar sem vaidade, sem receios e sem desânimo, colocando nossa confiança naquele Pai, que nos chamou e permanece sempre conosco.

Em nossa missão o que pesa não são tanto as nossas qualidades, nossa cultura, nossa saúde etc. Tanto mais poderemos realizar, quanto mais confiarmos na força que nos vem do Pai. Isso os primeiros apóstolos já nos ensinaram. Temos de usar, sim, dos meios humanos, mas nossa força deverá repousar naquele que nos enviou.

Às vezes, pode acontecer que alguém comece a viver a fé com todo o entusiasmo e disposição, mas depois, diante das dificuldades que nunca faltam, acaba desistindo de tudo, vencido pelo desânimo e pessimismo.

Vemos, assim, que a nossa vida de discípulos somente será perseverante na medida em que soubermos contar com o auxílio da Graça. E de onde nos virá esse auxílio? Da nossa união com Deus, isto é, da nossa vida de oração.

Tudo em nossa vida deve estar marcado pelo amor a Deus e ao próximo. Mas é na oração que o amor se alimenta e, por isso, é na oração que nossa vida deve encontrar sua firmeza e perseverança. Quanto mais unidos ao Sagrado Coração do Salvador, tanto mais iremos sentir com Ele as necessidades do mundo, em particular daqueles que vivem mais perto de nós. "Tenho pena desta multidão" – disse o Mestre um dia (Mt 15,32). Essa compaixão terá de ser nossa também.

Quando nada pudermos fazer, sempre poderemos rezar, oferecendo ao Pai a nossa vida de cada dia, para alimentarmos o mundo com a presença de Deus. E, chamados como fomos, não nos esqueçamos daquela que a Igreja celebra com o título de "Rainha dos Apóstolos". Em suas mãos, iremos colocar nossos trabalhos, sacrifícios e nossas orações.

Oração

"Sem mim nada podeis fazer." – Esse foi, Senhor, o teu aviso que, um dia, quiseste dar a teus apóstolos. E eu o recebo também, com toda a humildade, reconhecendo que, sem sua força, nada posso realizar por teu Reino. Por isso hoje te peço: que a tua presença me ilumine e que a tua palavra me faça perseverante.

Oração final (p. 6)

Ladainha do Sagrado Coração de Jesus

Senhor, tende piedade de nós.
Jesus Cristo, tende piedade de nós.
Senhor, tende piedade de nós.
Jesus Cristo, ouvi-nos.
Jesus Cristo, atendei-nos.
Deus Pai celestial,
– Tende piedade de nós.
Deus Filho, Redentor do mundo,
Deus Espírito Santo,
Santíssima Trindade, que sois um só Deus,
Coração de Jesus, Filho do Pai Eterno,
Coração de Jesus, formado pelo Espírito Santo
no seio da Virgem Maria,
Coração de Jesus, unido, substancialmente,
ao Verbo de Deus,
Coração de Jesus, de majestade infinita,
Coração de Jesus, templo santo de Deus,
Coração de Jesus, tabernáculo do Altíssimo,
Coração de Jesus, casa de Deus e porta do céu,
Coração de Jesus, fornalha ardente de caridade,

Coração de Jesus, abrigo de justiça e de amor,
Coração de Jesus, cheio de bondade e de amor,
Coração de Jesus, abismo de todas as virtudes,
Coração de Jesus, digníssimo de todo o louvor,
Coração de Jesus, rei e centro de todos os corações,
Coração de Jesus, no qual se encerram todos os
tesouros da sabedoria e ciência,
Coração de Jesus, onde habita toda plenitude
da divindade,
Coração de Jesus, em que o Pai pôs toda a sua
complacência,
Coração de Jesus, de cuja plenitude nós todos
recebemos,
Coração de Jesus, desejado desde toda a
eternidade,
Coração de Jesus, paciente e de muita misericórdia,
Coração de Jesus, rico para com todos que vos
invocam,
Coração de Jesus, fonte de vida e de santidade,
Coração de Jesus, propiciação pelos nossos peca-
dos,
Coração de Jesus, repleto de injúrias,
Coração de Jesus, triturado de dor por causa de
nossos crimes,
Coração de Jesus, feito obediente até a morte,

Coração de Jesus, transpassado pela lança,
Coração de Jesus, fonte de toda a consolação,
Coração de Jesus, nossa vida e ressurreição,
Coração de Jesus, nossa paz e reconciliação,
Coração de Jesus, vítima dos pecadores,
Coração de Jesus, esperança dos que morrem
em Vós,
Coração de Jesus, delícia de todos os santos,
Cordeiro de Deus, que tirais o pecado do mundo,
perdoai-nos, Senhor.
Cordeiro de Deus, que tirais o pecado do mundo,
ouvi-nos, Senhor.
Cordeiro de Deus, que tirais o pecado do mundo,
tende piedade de nós.
– Jesus, manso e humilde de coração,
– Fazei o nosso coração semelhante ao vosso.

Oremos: Ó Deus onipotente e eterno, olhai para
o Coração de vosso Filho diletíssimo e para os lou-
vores e as satisfações que vos oferece em nome
dos pecadores e, deixando-vos aplacar, perdoai os
que imploram a vossa misericórdia, em nome do
mesmo vosso Filho Jesus Cristo, que convosco
vive e reina pelos séculos dos séculos. Amém.

Índice